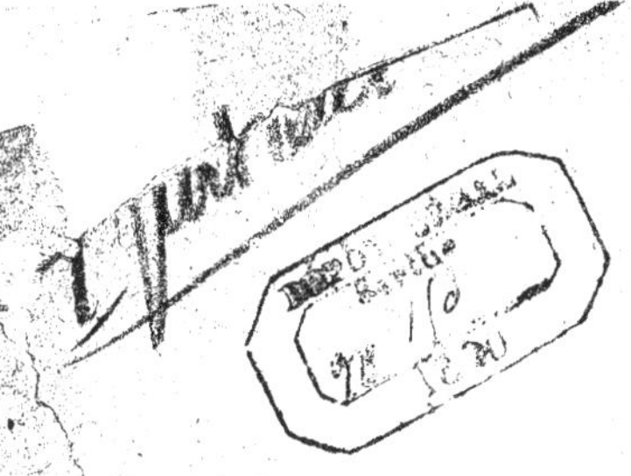

HENRY JOUIN

ROBERT-FLEURY

AVEC UN PORTRAIT HORS TEXTE

PAR M. GASTON THYS

D'APRÈS M. JULES LEFEBVRE

Tiré à Cinquante Exemplaires

NON MIS DANS LE COMMERCE

PARIS

AUX BUREAUX DE *L'ARTISTE*

44, QUAI DES ORFÈVRES, 44

1890

ROBERT-FLEURY

ROBERT-FLEURY

HENRY JOUIN

ROBERT-FLEURY

AVEC UN PORTRAIT HORS TEXTE

PAR M. GASTON THYS

D'APRÈS M. JULES LEFEBVRE

Tiré à Cinquante Exemplaires

NON MIS DANS LE COMMERCE

PARIS

AUX BUREAUX DE *L'ARTISTE*

44, QUAI DES ORFÈVRES, 44

1890

ROBERT-FLEURY

SUR UN CAMÉE PERDU A LA PORTE D'UN LIBRAIRE

E n'est qu'un camée, mais il est serti dans l'or le plus pur; des mains délicates et savantes l'ont gravé sur l'onyx, et son fin relief a le charme de la vie. Après tout, comment essaierait-on de mieux faire? On ne dresse la statue en pied qu'après la mort, et Robert-Fleury vient à peine de fermer les yeux. Or, la pierre fine, ou si vous l'aimez mieux, les pages écrites auxquelles je fais allusion, c'est le maître lui-même qui en a reçu l'hommage il y a tantôt dix années. Il convenait donc que l'image dont on lui ménageait la surprise fût de proportions réduites. Il était juste qu'elle revêtît un caractère intime; il fallait que l'on sculptât d'après le peintre vivant un buste, une médaille ou un camée; c'est un camée que ses pairs ont préféré.

Je dis bien : ce sont ses pairs qui ont fixé son profil, et l'image, d'une ressemblance et d'une vérité parfaites, reçoit des hommes illustres qui l'ont signée une valeur et une autorité que seuls les chefs-d'œuvre possèdent. Nous sommes en 1823; Robert-Fleury a vingt-six ans et il est à Rome. L'artiste a soumis une toile à Horace Vernet qui lui écrit :

« J'attends, mon cher Fleury, avec la plus grande impatience, les tableaux que vous m'avez annoncés ; je vous avouerai que je n'ai pu juger de vos progrès d'après celui que j'ai déjà reçu ; il est trop lâché pour que je puisse y trouver autre chose que de la facilité, et mon opinion est formée depuis longtemps à cet égard. Je vous dirai même que c'est une des choses dont vous devez vous méfier, car il est bon d'en avoir, mais il ne faut s'en servir que pour rendre promptement les choses que l'on sait.

« Mais, dans aucun cas, la brosse ne doit l'emporter sur l'ensemble et c'est le reproche que je vous fais positivement. Vous avez employé une trop belle écriture pour écrire sans orthographe. Les jambes de votre brigand sont trop courtes, les bras trop longs ; votre capucin n'a pas de corps et tombe sur le nez. Voilà des choses dures, me direz-vous. Mais je dois à notre amitié de ne rien vous cacher ; aussi dirai-je que les expressions sont justes, que le tout est d'une bonne couleur, quoique un peu lourde, et qu'en masse il y a de la force de ton. Enfin, avec un peu de réflexion, vous eussiez fait une très bonne chose, tandis que vous n'en avez produit qu'une dont les défauts l'emportent sur le vrai mérite, quoiqu'il y en ait beaucoup. »

A la bonne heure ! voilà qui s'appelle une critique, et j'estime que le débutant qui s'attire une telle mercuriale et sait l'accepter sans aigreur, sans défiance, sera quelque jour un maître. Ils sont rares en tous les temps, mais particulièrement à notre époque, les jeunes hommes capables de recevoir un conseil et de le suivre. Tous, aujourd'hui, ont pris pour devise le *fa presto* du maître italien, et il serait dangereux d'oser dire aux élèves de l'École des Beaux-Arts de Paris, aux pensionnaires de l'Académie de France à Rome, tout enorgueillis de leurs envois aux Salons et d'une médaille obtenue, sinon méritée, il serait dangereux de tenir le langage viril d'Horace Vernet à Robert-Fleury. Mais nous avons interrompu la lettre de Vernet.

« Vous paraissez vous disposer à revenir cette année. Je vous engage à suivre cette idée, au risque de retourner plus tard. La raison est toute simple, je vais vous l'expliquer : les amateurs à Rome sont des oiseaux de passage ; ils partent de chez eux avec l'intention d'acheter un Granet ou un Léopold Robert ; ils arrivent, les paient très bien, parce que leurs tableaux sont très beaux. On a besoin d'argent, on s'essaie dans leur genre (celui des deux peintres cités), et insensiblement on se trouve à mettre les pieds dans les traces que les autres ont laissées après eux. Pour profiter à Rome, il faut y arriver avec un talent fait ou se livrer seulement à l'étude. Revenez à Paris classer les idées que vous aurez recueillies en Italie, et vous livrer à l'impulsion que votre génie vous donnera. Ici, la route est moins tracée et vous resterez vous plus facilement. »

Robert-Fleury était homme à entendre un pareil langage. Et sa docilité à suivre le conseil d'un maître, son empressement à se ressaisir sont d'autant plus à son éloge que le jeune artiste, qui peignait alors des armoiries pour subvenir à ses besoins, se sentait attiré vers le portrait, vers le paysage, vers la peinture de genre et les scènes historiques.

L'histoire devait l'emporter sur tout le reste, mais avec cette note originale et vraiment curieuse que l'homme de pensée retire d'une lecture prolongée des chroniques et des mémoires. C'est aux hommes d'une époque, d'un règne, d'une croyance, que Robert-Fleury demande le secret des passions qui les ont fait grands. C'est en compulsant les écrits des contemporains qu'il se plaît à tirer de l'ombre les personnages disparus. Robert-Fleury est un homme de notre temps, il est de la génération d'Alexis Monteil et d'Augustin Thierry; il a recours au document, mais sa palette ne garde jamais de la poussière des manuscrits ou des lourds in-folio des siècles passés, que ce qu'il en faut pour donner à ses toiles la couleur locale. Étrange et véridique historien avec son pinceau ! Etrange, car Robert-Fleury est un peintre de chevalet ; pour un peu, on serait tenté de voir en lui un miniaturiste, tant la scène qu'il retrace est démesurée et tant les dimensions de sa toile sont modestes. Nous parions qu'il saurait dire avec justesse, dans sa vérité saisissante et grandiose, une révolution, et sa toile mesurerait à peine quelques pouces ! De pareils artistes sont des philosophes, des éclectiques, des maîtres pleins de bon sens.

Est-ce dans l'atelier de Girodet que Robert-Fleury a puisé cette méthode à laquelle il est demeuré fidèle et qui a fait sa gloire ? J'imagine qu'il est redevable à Girodet d'un amour inébranlable pour le grand art, pour les scènes élevées, les pages où le style sert de parure à quelque fait mémorable, à une fière pensée, mais le « moi » de

Robert-Fleury, c'est à lui seul qu'il le doit. Les *Camaldules rançonnés par des brigands*, les *Pèlerins passant la porte sainte pendant le Jubilé*, *Le Tasse arrivant au couvent de Sant'Onofrio*, la *Mort de Talma*, la *Saint-Barthélemy*, *Guillaume Budé présentant à François Ier le premier livre imprimé*, *Léon X et Raphaël au Vatican*, *Michel-Ange soignant son domestique*, *Charles-Quint ramassant le pinceau du Titien*, le *Colloque de Poissy* et trente autres toiles antérieures à l'année 1842, c'est-à-dire exécutées alors que l'artiste n'avait pas atteint sa maturité, sont des pages résolues, personnelles, d'où s'échappe un parfum pénétrant, le parfum de la vérité poursuivie et traduite par un esprit sincère, doublé d'un artiste.

On peut suivre dans cet ensemble d'œuvres un progrès; on n'y constate pas d'hésitation. Supposez le *Colloque de Poissy* sur une toile de dix mètres, ce serait une œuvre dont une nation serait fière et qui aurait un retentissement durable pendant plusieurs siècles. L'artiste, ennemi de l'emphase, a groupé, dans un espace qui ne dépasse pas un mètre, tout un peuple divisé. Les groupes, les costumes, les armes, le mobilier, les accessoires, l'ombre et la lumière habilement distribués, mais par-dessus tout les têtes historiques des personnages principaux dénotent un ordonnateur consommé, un physiologiste plein de puissance. On se souvient de cette discussion fameuse qui eut lieu à Poissy, en 1561, entre catholiques et protestants, devant Catherine de Médicis et le jeune roi Charles IX. Quelle animation dans cet auditoire que captivent deux jouteurs, dont l'un est Théodore de Bèze..., mais non, tout l'auditoire n'est pas ému. Il y a sur la toile de Robert-Fleury certain visage impassible, à l'œil voilé, à la pose rigide, c'est celui du jeune Charles IX. Cette tête est un chef-d'œuvre : l'homme est dans l'enfant.

Horace Vernet a eu raison de représenter, dans le tableau qu'il a laissé de son *Atelier* bruyant, Robert-Fleury en manches de chemise, occupé à peindre pendant que le maître de la maison fait des armes avec Ledieu, que Montfort et Lehoux, le torse nu, les mains gantées, s'apprêtent à la boxe, que Lami joue de la trompette accompagné par une biche qui brame et un chien qui aboie. De tous ces peintres, un seul est à son œuvre, c'est Robert-Fleury. Sa ténacité, sa persévérance aisée, faite de naturel plus que d'effort, sont trahies, ce semble, par ce détail que Vernet, le premier juge et le premier guide de Robert-

Fleury, n'a pas dû trouver par hasard. Il peint l'auteur du *Colloque de Poissy* mieux que ne le feraient vingt pages d'éloges.

Rembrandt dans son atelier, *Bernard Palissy*, la *Sénat de Venise recevant l'épée de Henri IV*, *Charles-Quint à Saint-Just*, *Les derniers moments de Montaigne*, la *Judecca*, *Jeanne Shore, Galilée devant le Saint-Office*, la décoration murale du palais du Tribunal de commerce à Paris, d'innombrables portraits ont marqué la seconde moitié de la vie de Robert-Fleury. Le maître vaillant resta toujours fidèle à ses pinceaux. Nous connaissons de lui un *Michel-Ange* qu'il a brossé depuis ses quatre-vingts ans, et certes, si M. Chapu, qui possède cette perle rare ne révélait sa date d'exécution, nous pourrions classer la robuste effigie du grand Florentin vers le temps où Robert-Fleury savait peindre avec tant de vérité son petit Charles IX.

Galilée devant le Saint-Office est une œuvre hors de pair. Un homme de grand esprit, M. Charles Gounod, a écrit en parlant de cette toile : « Toutes les qualités y sont à l'état de génie ! Quelles compositions ! quelles physionomies ! et quel aspect revêtent toutes ces qualités dont une seule suffirait à une gloire ! Quelle peinture à la fois candide et savante, loyale et réfléchie ! » De semblables louanges données par un confrère laissent deviner que l'homme chez Robert-Fleury ne le cède pas à l'artiste. En effet, interrogez les membres de l'Institut de France. Ils se souviennent du jour où Robert-Fleury, sur un appel de l'Empereur, dut accepter la direction de l'École des Beaux-Arts, réorganisée et soustraite à la juste influence de l'Académie. Le coup était perfide. Tout autre que Robert-Fleury pouvait perdre l'estime de ses confrères dans le poste où il était appelé avec mission de leur résister. L'excellent homme réussit, au prix d'une année d'efforts, de patience, de pourparlers, de sages mesures, à faire cesser le conflit. Quand en 1864 il quitta l'École des Beaux-Arts pour aller prendre à Rome la direction de l'Académie de France, il emporta le regret de tous et l'Académie avait reconquis, par l'influence d'un confrère habile, quelques-unes de ses prérogatives dans l'École dont il convient que la haute direction reste entre ses mains.

Ernest Hiolle sculpta en 1866 le buste de Robert-Fleury placé dans la bibliothèque de la villa Médicis. La même année, M. Jules Lefebvre, alors le doyen des jeunes peintres de l'Académie de France, peignit un portrait intime du nouveau directeur pour le

Salon des pensionnaires. C'est le même portrait que M. Gaston Thys, grand-prix de Rome en 1889, a bien voulu reproduire, à notre prière, pour servir de frontispice à cette causerie sur le peintre de *Galilée*.

En 1872, Robert-Fleury présidait le jury du Salon. Lors de la distribution des récompenses, la croix d'honneur est accordée au peintre Isidore Patrois. Des applaudissements se font entendre. Robert-Fleury estime que l'hommage n'est pas complet, et s'adressant au ministre des Beaux-Arts, devant l'importante assemblée qui assiste à la cérémonie : « Monsieur le ministre, dit-il, la décoration que vous accordez à M. Patrois est depuis longtemps bien gagnée, vous réparez un oubli dont vous n'êtes pas responsable ; nous applaudissons tous à la haute récompense décernée par vos mains à l'un des plus méritants d'entre nous ! » Des bravos enthousiastes accueillirent ces paroles loyales.

Un jour, en 1850, à l'Institut, Robert-Fleury osa patronner la candidature de Delacroix. Ingres était présent. Le peintre de l'*Apothéose d'Homère* bondit sur son siège, et, laissant un libre cours à sa colère, il accabla son collègue de paroles violentes. Robert-Fleury sut tenir bon. Il entreprit l'éloge de son ami, et c'est une à une qu'il rappela les grandes œuvres de Delacroix, signalant d'un mot bref, mais incisif, les qualités, l'accent, le témoignage d'un tempérament supérieur que le peintre du *Dante* a partout laissé sur ses toiles, comme le lion laisse son coup de griffe. Ingres rispota, et Delacroix ne fut pas élu. Mais, ô fatalité! apprenant son échec et ne se doutant pas que Robert-Fleury l'eût défendu avec une énergie désespérée, Delacroix lui écrit cette lettre :

« Votre élection a été pour moi un bonheur; je m'y suis intéressé comme à la mienne, si j'ose dire ; et quand j'en ai eu la certitude, je vous l'ai exprimé dans une lettre que mon cœur m'a inspirée, ne pouvant aller vous embrasser moi-même. La pensée que l'élection d'un ami pourrait avancer la mienne ne se présenta pas à mon esprit. Je me rappelais seulement avec plaisir et comme l'expression de vos sentiments, qu'au début même des visites que nous faisions l'un et l'autre, je vous rencontrai dans la rue où vous me donnâtes l'assurance que si vous arriviez avant moi, je trouverais en vous un appui dévoué comme vous savez bien que vous le trouveriez en moi.

« J'ai éprouvé un vif chagrin, je vous l'avouerai, en ne recevant pas de vous, après votre élection, un mot, une démonstration qui répondît quelque peu à celle que le moment et votre réussite m'avaient inspirée. Je vous ai revu depuis à notre réunion au Louvre pour la restauration des tableaux, au jury dernièrement; et vous m'y avez semblé, j'ai la douleur de vous le dire, sinon froid, au moins différent de ce que je vous ai vu quand j'aimais à compter sur vous.

« Que la franchise de ma démarche ne vous étonne pas, mon cher Fleury. Je n'ai pu m'empêcher même de paraître affligé vis-à-vis de mes autres amis qui sont les vôtres ? Me serai-je trompé ? Suis-je trop susceptible ? Mais peut-être qu'un peu de froideur, qui ne m'eût rien fait de la part d'un autre, a été pour moi et de votre part une chose plus sensible.

« Je ne viens point du tout en solliciteur, mon cher Fleury; je vous demande votre amitié qui m'était réellement précieuse, et c'est après l'avoir obtenue de nouveau, comme je crois que je la mérite, que j'attends de vous l'appui dont j'ai besoin maintenant dans ma candidature. Je vous demande non seulement votre appui, mais celui de vos amis; je crois mes concurrents redoutables, et ce que je vous demande, ce ne sont pas des voix, mais la chaleur qu'on met à faire réussir la cause d'un ami. C'est celle que j'ai tâché d'employer toutes les fois qu'il a été question de vous; jugez de ce que j'aurais fait si j'avais été dans votre position et vous dans la mienne.

« Un mot affectueux de votre part, mon cher Fleury, avant que nous nous rencontrions : vous remplirez dans nos sentiments une lacune pénible, et à l'âge que nous avons l'un et l'autre, on ne renonce pas sans regret à des affections, et surtout on ne les remplace guère. »

A cette lettre de Delacroix, Robert-Fleury répondit aussitôt :

« Les reproches que vous m'adressez sont exactement ceux que je vous faisais. Je n'ai rien oublié, ni les jours qui ont suivi mon élection, ni nos séances au Louvre, ni enfin nos dernières réunions au jury.

« J'ai été comme vous étonné de l'opposition constante où nous étions, et j'en ai été comme vous affligé; car le passé me disait que nous avions plus que beaucoup d'autres le besoin et le droit de nous entendre. Si votre amitié m'a défendu, la mienne vous a chaudement soutenu et elle ne vous fera pas défaut. Mes amis peuvent me blesser, m'affliger; mes convictions restent inébranlables. Je ne verrai jamais en vous, vis-à-vis de moi, un solliciteur.

« Je pense exactement comme vous; notre appui mutuel nous était nécessaire. Permettez-moi un dernier reproche : Pourquoi avez-vous cru des méchants, intéressés à vous nuire, et pourquoi, en ami sincère, n'êtes-vous pas venu me serrer la main ?

« Je ne me souviens plus de rien, mon cher ami ; si je puis vous servir, venez, nous causerons et vous trouverez toujours en moi affection, sincérité et dévouement. »

De son côte, Ingres, repentant, écrivait à Robert-Fleury :

« J'ai regretté de vous voir soutenir, dans la personne d'un artiste dont, au reste, je reconnais le talent, le caractère honorable et l'esprit distingué, des doctrines et des tendances que je crois dangereuses et que je dois repousser.

« Mais croyez bien, monsieur, qu'il ne saurait rester en mon âme aucune amertume d'un dissentiment qui s'explique par notre position respective et peut-être nous honore l'un comme l'autre. Votre vote, d'ailleurs, cher monsieur, parle assez de lui-même et me prouve assez que nous pouvons nous rencontrer très souvent sur le même terrain sans nous combattre.

« Croyez donc bien que ce qui s'est passé ne saurait diminuer en rien la haute estime dans laquelle je tiens et votre personne et vos œuvres. Votre tout affectionné confrère,

« INGRES. »

Que vous en semble? lecteur, ceux qui ont écrit ces lettres ne sont-ils pas de grands hommes? Est-ce que Delacroix dans sa plainte, Ingres dans sa colère, Robert-Fleury dans son courage et sa simple franchise ne sont pas des êtres passionnés comme le commun des hommes? Oui, sans doute, mais leurs passions ont de la noblesse, elles sont faites d'honneur et de fierté. Toutefois, dans le débat que je viens d'évoquer, si je cherche à fixer des degrés entre les trois maîtres dont j'ai révélé la pensée, celui qui m'apparaît le plus grand dans sa volonté comme dans sa parole, c'est Robert-Fleury.

Théophile Gautier, qui a été l'un des critiques accoutumés de l'œuvre du maître, de même qu'Adolphe Mouilleron en a été le lithographe,

Théophile Gautier a écrit : « Robert-Fleury possède une qualité bien précieuse en art, même lorsqu'on en abuse, la force. » Ce que Théophile Gautier a dit du peintre, il eût pu l'écrire de l'homme. Le maître proprement dit n'est pas inférieur à l'artiste et il marche de pair avec l'homme chez Robert-Fleury. En quoi le maître diffère-t-il de l'artiste, direz-vous? L'artiste sent et interprète sa sensation. Le maître juge et peut formuler sa méthode. Il porte sur l'art, sur les artistes, sur lui-même ce regard élevé, pénétrant, ordinairement plein de sens et d'originalité qui est le regard du philosophe. En des pages trop brèves, mais d'une incontestable portée, Robert-Fleury a parlé de son art aussi bien que l'ont fait Ingres ou Reynolds.

« Je n'ai jamais cherché à me faire une manière de peindre, et le retour à la simplicité de moyens des anciens a été chez moi un sentiment naturel. C'est ce qui m'a porté à restreindre le nombre des couleurs,pour m'arrêter à un bon choix et à des couleurs d'une qualité éprouvée, me précautionnant ainsi contre l'altération, qui se produit souvent par le mélange des couleurs.

« Après avoir parlé des moyens que j'ai employés dans ma peinture, je crois devoir donner la composition de ma palette. La voici :

« Vermillon de Chine, blanc de plomb, jaune de Naples, vert jaune, terre d'Italie jaune, terre de Sienne naturelle, brun rouge, laque de garance, terre de Sienne brûlée, noir d'ivoire, noir de pêche, bleu minéral, momie.

« Ce nombre restreint de couleurs m'a toujours suffi, et m'a édifié sur la liberté que laissent à l'esprit les moyens simples de coloration. »

Ailleurs, le maître revient sur la couleur, dont il a toujours usé avec une sobriété presque avare : « La couleur, pour être belle, dit-il, ne doit pas être cherchée, elle doit être sentie. » Grande parole qui explique la tendance de Robert-Fleury à étendre sur ses tableaux ces tons chauds, cette mâle et vigoureuse harmonie que les vieux maîtres ont reçus des siècles, et dont la patine ardente et voilée, comme une flamme interceptée, a été ravie par la main pleine d'adresse du maître français, dont elle est restée le patrimoine envié.

Terminons par ces lignes d'une exquise droiture : « Dans la manière que je me suis faite, je n'ai jamais cherché à imiter personne, je n'ai jamais fait une copie d'après les anciens maîtres, et pourtant je les ai étudiés tous avec passion. En les examinant, j'ai appris à peindre, car je n'ai jamais fait une *figure peinte* dans un atelier. Je n'ai point eu à me le reprocher, puisqu'il n'y avait rien là de ma faute, je l'ai seulement regretté. Ce sont des études qu'il faut épuiser sous peine d'en souffrir toute sa vie. Ces bégaiements de l'artiste vous mettent à même plus tard de parler clairement, de mener à bien de plus grandes choses, sinon de rendre les petites plus parfaites. »

Ainsi le peintre a parachevé par ces tailles fines et sincères le camée que d'autres mains avaient ébauché. Il est sans reprises. Robert-Fleury vit et rayonne sur cette image réservée. Il y a quelques semaines nous demandions à Dieu qu'il permît au vieux maître de contempler longtemps cette pierre d'onyx dans laquelle se reflète une longue vie de travail et d'honneur.

Mais voilà que l'histoire a commencé pour lui. Viennent donc les historiens et les hauts critiques! Qu'ils racontent en beau style, qu'ils retracent en des pages achevées la vie, l'œuvre, la doctrine, les facultés intellectuelles, les vertus morales du maître disparu. Je ne fais qu'ébaucher le profil de Robert-Fleury dans ces lignes sans durée. Ses amis jugeront peut-être ressemblant l'humble portrait que je viens d'essayer. Cependant, je n'ai jamais vu l'homme. Je ne connais de l'artiste que son œuvre. Plus heureux que moi, un délicat a tracé dans la maison même de Robert-Fleury quelques pages émues et d'un attrait véritable; il a eu la primeur des lettres que je rappelle plus haut; il y a joint d'autres documents de valeur et il a publié cet ensemble de pièces avec un grand luxe. Je voudrais nommer l'historien, je voudrais dire l'éditeur intelligent de ce livre plein de charme dans lequel j'ai puisé sans me lasser... L'éditeur ne me permet pas de vous dire son nom. Singulier caprice, n'est-il pas vrai ! Mais les écrivains n'en sont pas à s'étonner des caprices d'un éditeur! Peut-être même suis-je indiscret en vous confiant que ce camée a été trouvé « à la porte d'un libraire », car celui-ci est homme à prendre ombrage de la publicité que je lui fais, sans le nommer pourtant!

HENRY JOUIN.

LE MANS. — TYPOGRAPHIE EDMOND MONNOYER

TYPOGRAPHIE

EDMOND MONNOYER

LE MANS (SARTHE)

www.ingramcontent.com/pod-product-compliance
Lightning Source LLC
LaVergne TN
LVHW050228180726
843501LV00013BA/3351

* 9 7 8 2 3 2 9 6 4 4 0 5 9 *